CURSO DE NOIVOS

Pe. GERVÁSIO FABRI DOS ANJOS, C.Ss.R.

CURSO DE NOIVOS

Palestras, dinâmicas e orientações práticas

DIREÇÃO GERAL: Pe. Luís Rodrigues Batista, C.Ss.R.
DIREÇÃO EDITORIAL: Pe. Flávio Cavalca de Castro, C.Ss.R.
Pe. Carlos Eduardo Catalfo, C.Ss.R.
COORDENAÇÃO EDITORIAL: Elizabeth dos Santos Reis
COPIDESQUE: Elizabeth dos Santos Reis
COORDENAÇÃO DE REVISÃO: Maria Isabel de Araújo
REVISÃO: Ana Lúcia de Castro Leite
Waldirene Machado
COORDENAÇÃO DE DIAGRAMAÇÃO: Marcelo Antonio Sanna
DIAGRAMAÇÃO: Marcelo Antonio Sanna
CAPA: Marco Antonio Santos Reis

Os versículos desta obra foram extraídos da *Bíblia de Jerusalém*, Ed. Paulinas.

Dados Internacionais de Catalogação na Publicação (CIP)
(Câmara Brasileira do Livro, SP, Brasil)

Anjos, Gervásio Fabri dos
   Curso de noivos: palestras, dinâmicas e orientações práticas / Gervásio Fabri dos Anjos, — Aparecida, SP: Editora Santuário, 1999.

   ISBN 85-7200-587-0

   1. Casamento - Aspectos religiosos - Igreja Católica 2. Casamento - Preparação 3. Igreja - Trabalho com casais I. Título.

98-5707   CDD-259.1

Índices para catálogo sistemático:
1. Casamento: Preparação: Curso: Pastoral da família: Cristianismo 259.1
2. Cursos de noivos: Pastoral da família: Cristianismo 259.1
3. Curso de preparação para o casamento: Pastoral da família: Cristianismo 259.1

11ª impressão

Todos os direitos reservados à **EDITORA SANTUÁRIO** – 2020

Rua Pe. Claro Monteiro, 342 – 12570-000 – Aparecida-SP
Tel.: 12 3104-2000 – Televendas: 0800 - 0 16 00 04
www.editorasantuario.com.br
vendas@editorasantuario.com.br

APRESENTAÇÃO

Nem sempre é fácil para um Pároco ou Vigário realizar bem a Pastoral da Família em sua comunidade. A caminhada é lenta, requer um período de experiência e vida. Entre outras ocupações, o tempo também começa a ficar curto. Seus auxiliares, os leigos, nem sempre dispõem de espaço em suas atividades para atender a convocação pastoral feita pelo Pároco. Os empecilhos começam a se acumular.

O "Encontro para Noivos", por exemplo, bastante significativo na Pastoral da Família, esbarra com dificuldades de lugar, de estrutura e, principalmente, de recursos adequados para sua realização.

Que fazer para melhorar?

Nossa contribuição tomou em conta essa realidade dos Párocos e Agentes Pastorais, por isso, oferecemos-lhe neste livro os subsídios de Formação para os Agentes.

Uma das dificuldades encontradas por quem ajuda no Encontro para Noivos é, precisamente, a devida preparação. Como fazer, como falar, o que transmitir, como prender a atenção, quais as técnicas a seguir? Essas indagações também procuramos resolver através deste livro, usando uma linguagem simples, acessível a todos.

Acontece, e não pouco, o imprevisto: "Ele não veio, ele não virá!" É o Dr. Joaquim que deveria falar aos noivos e não pode. É o casal Luiz e Rose que deveria estar presente e teve de viajar às pressas. E daí? Nesses casos, os subsídios que lhe colocamos nas mãos tornam-se excelente contribuição para um aperto de última hora.

Há momentos e ambientes onde estes subsídios poderão também contribuir no processo de preparação de nossas futuras famílias.

Concluímos com o apelo do Papa: "Empregai todos os esforços para que haja uma pastoral da família. Dai assistência a um campo prioritário, na certeza de que, no futuro, a evangelização dependerá em grande parte da Igreja Doméstica" (João Paulo II, AAS LXXI, p. 204).

Dizem que "não ser útil a ninguém equivale a não valer nada". Seremos também felizes em ajudá-lo nesta caminhada de ser útil aos outros e participar, com você, do seu apostolado.

Pe. Gervásio Fabri dos Anjos, C.Ss.R.

ORIENTAÇÕES GERAIS

A PREPARAÇÃO PARA O ENCONTRO

Os antigos mestres afirmavam que repetir o que já se sabe faz bem para a memória, é a mãe dos estudiosos, é a mãe da sabedoria.

Tenho certeza que o exercício e a prática já ensinaram muitas coisas aos nossos Agentes de Pastoral para que um encontro, de noivos ou de preparação ao Batismo ou à Crisma, torne-se frutuoso e agradável. Para ajudá-los nesse trabalho pela construção do Reino de Deus, relembramos nestas considerações o que já é conhecido e acrescentamos algumas ideias que nos parecem interessantes.

CURSO OU CONVIVÊNCIA?

A primeira pergunta a ser feita: o que desejamos destes encontros e quais os objetivos a que nos propomos? Há diferença muito grande entre um CURSO em que se reúnem pessoas de várias classes sociais, gente com experiências as mais diversas, e um ENCONTRO de confraternização e de amizade.

No curso logo se distinguem dois grupos: o dos mestres que ensinam e o dos alunos que aprendem. Em geral, o curso prevê no final um certificado, um diploma. No encontro entre amigos predomina o trato alegre, fraterno, compartilhado. As experiências de vida cristã de cada um tornam-se importantes para todos. Portanto, se a nossa meta pastoral é favorecer a celebração comunitária e fraterna de um sacramento, devemos estar atentos para que tudo se incline para esse objetivo, a começar por uma cuidadosa preparação.

PREPARANDO

Todo e qualquer encontro tem de ser devidamente **planejado e preparado**. A improvisação pode matar a melhor iniciativa e esvaziar o melhor projeto pastoral. A preparação envolve não só aqueles que fazem as palestras, mas todos os que exercem alguma função dentro do projeto a se realizar. Todos devem ter condições de crescer em sua capacitação para o ministério a que são destinados.

Uma condição básica que se exige de todos é o **espírito cristão de fraternidade**. Esse espírito cristão gera os laços da comunhão e participação. Somos irmãos reunidos em nome de Jesus Cristo, procurando viver com ele, da melhor maneira possível. Ele é a causa da nossa fé, do nosso servir com amor. Ele é o centro da nossa convivência de irmãos unidos em comunidade, a Igreja de Jesus. Por isso, na preparação dos Encontros Pastorais, é importante levar em consideração vários pontos que manifestam essa realidade.

Dentro desse contexto é que colocamos a importância do ambiente.

O AMBIENTE

Falando do ambiente, facilmente imaginamos como ele deve ser: acolhedor, aconchegante. Um mínimo de conforto: cadeiras, ventilação, luminosidade. Às vezes, uma pequena coisa embeleza a sala. Já reparou como um vaso de flor sobre a mesa faz o ambiente mais agradável?

É bom ter uma lousa preparada para se escrever e um local para dependurar algum cartaz de ilustração. O ambiente acolhedor exige que toda a infraestrutura de sanitários e água estejam adequadamente disponíveis.

A RECEPÇÃO

Toda pessoa gosta de ser bem acolhida. Nada mais agradável quando chegamos a um lugar e encontramos pessoas alegres nos esperando. A boa recepção, por mais simples que seja, sempre é um bom começo. Para acolher bem é preciso que estejamos no local antes, esperando e não sendo esperados. Os Agentes Pastorais nunca serão os últimos a chegar! Péssimo quando alguém, atrasado, demonstra afobação, ansiedade, com mil desculpas.

Não podemos esquecer-nos de que acolher bem é sinal de organização, de boa educação, de amizade sincera e espírito de equipe que anima aqueles que servem.

OS PARTICIPANTES

Ao falar dos participantes, é importante que os Agentes de Pastoral tenham em conta as diferenças de todos que ali estão. Nem mesmo na família todos são iguais. Podemos encontrar pessoas de classes e níveis de cultura diferentes; experiência de vida, de trabalho, de família, experiência de vida cristã bastante distintas.

Sempre encontramos pessoas religiosas mais praticantes ao lado de outras menos dedicadas ou menos conscientes. Algumas tiveram mais oportunidades de assimilar a catequese e os conhecimentos do Evangelho que outras. Muitas só agora é que estão chegando e possivelmente um tanto constrangidas. Nos momentos de convivência, principalmente nos Encontros de Noivos, é normal que algumas pessoas se sintam inibidas. O acolhimento e a bondade dos Agentes em servir bem formam o clima de comunhão, de participação e de convivência.

Por essas razões é que em muitas Paróquias, ao se fazer a inscrição, procura-se também adquirir, através dos participantes, um conhecimento prévio das necessidades de cada lugar. Uma cidade ou região poderá apresentar necessidades específicas e diferentes que não estão referidas nestes subsídios. Por isso, ao estudar os temas, é bom que se façam as devidas e oportunas inserções.

Outra recomendação é que os temas não se tornem tratados exaustivos e complicados. As características que devem colorir todos os temas são: simplicidade, clareza, agradabilidade, conteúdo. De nada adianta uma palestra brilhante, mas compreendida por poucos; de nada vale uma chuva torrencial de ideias se os participantes não compreendem, não participam ou sentem tédio e desinteresse. O que importa é comunicar a mensagem, comunicar-se com os participantes.

O TEMPO

Cuidado com o tempo, porque ele é capaz de transformar tudo. Uma palestra, se é demais, ela enjoa; se é de menos, fica a desejar. Muitos Agentes se empolgam, desejosos de falar tudo de uma só vez, e se esquecem de que as pessoas têm um limite de concentração e atenção. Passado esse limite, fala-se ao vazio! Dê importância e valor ao tempo, e para isso é bom enxugar as ideias que desejamos expor e limitá-las ao tempo. Caso contrário, ele se vingará de nós!

Os minutos consumidos numa palestra são preciosos e devem ser usados também com momentos de ilustração ou descontração mental. Dentro da dinâmica geral do curso, o tempo deve ser bem planejado, distribuído devidamente, criando espaços para descanso, recreação e diálogo.

AS PALESTRAS

Conservando as características de simplicidade, conteúdo claro e alegria, as palestras contribuem muito para a convivência do grupo reunido. Os exemplos que ilustram o que é falado e os testemunhos cujo efeito é benéfico devem ser oportunos e concisos. Seu objetivo é exemplificar com uma experiência já vivida aquilo que está sendo proposto ou refletido. Prolongar um testemunho ou um exemplo poderá causar canseira aos ouvintes.

Quem faz a palestra terá de estudar os recursos a serem usados durante sua exposição. Nos tempos atuais é muito utilizado o recurso da imagem, em diversas modalidades. O retroprojetor e slides ainda são empregados por alguns Agentes, nas Paróquias. A tendência atual é introduzir a imagem em movimento, com cenas que transmitem melhor a men-sagem.

DEPOIS DA PALESTRA

Segue-se um tempo importante em que se abre espaço maior para a reflexão pessoal ou grupal dos participantes. Nessa fase do encontro, é preciso ter clareza das atividades que seguirão e dos objetivos que se deseja atingir. Os recursos mais usados após a exposição do tema são vários. Vejamos alguns mais interessantes:

Círculos de estudos ou debates: uma vez divididos os participantes em pequenos grupos, eles recebem perguntas claras e precisas sobre o tema. Terão um tempo marcado para trocar ideias e responder às questões. O próprio grupo poderá indicar uma pessoa que faça o resumo das respostas a serem levadas ao plenário. É de grande valia que haja um assessor junto ao grupo. Esse assessor deve ter habilidade para ajudar o grupo, dar segurança, dinamizar a participação de todos, sem inibir ninguém. No plenário, o palestrante deve estar disponível para responder a perguntas e questões ou para acentuar as respostas corretas, com elogios oportunos.

Dependendo do tema da palestra, alguns Agentes preferem reservar momentos de **reflexão para o casal** de noivos ou, então, para os pais e padrinhos nos encontros de Batismo. Para essa reflexão deve-se destacar uma questão clara e precisa para ser conversada, com tempo limitado. É preciso levar muito em conta o local adequado para a reflexão em grupo. Este não poderá ser dispersivo demais, nem apertado ao ponto de um atrapalhar o outro. Ao contrário, o plenário deverá ser de conversa aberta aos que desejarem se manifestar.

O uso de **painéis** e **cartazes** exige que se tenha o material suficiente e com sobra à disposição dos grupos. É preciso ver, com realismo, se o tempo e o local de trabalho favorecem esse tipo de atividade e levam aos objetivos a que se propõe.

Quando os encontros são mais demorados, eles oferecem espaço para **dramatizações**. Nesses casos os Agentes Pastorais devem estar atentos para não acontecer a improvisação. Nem tudo o que é de última hora poderá ser agradável, oportuno e contribuir para a finalidade do encontro.

Além desses recursos, alguns palestrantes preferem o **cochicho**, isto é, durante a própria palestra ele faz uma pergunta ou apresenta uma questão. Sem sair dos lugares, as pessoas trocam ideias entre si, com os mais próximos. Retomando a palestra, poderá sentir melhor as reações dos participantes. Esta é uma técnica que exige certa habilidade, mas muito boa para conduzir os ouvintes a maior participação.

Bastante comum, principalmente nos encontros de noivos, é a **caixinha de perguntas**. Quando se usa esse recurso, a pessoa que responderá às perguntas deve ler, sintetizar as questões e preparar-se para respostas objetivas e claras. Sempre fica bem um agradecimento a quem perguntou, um elogio a quem lembrou um ponto importante e talvez até esquecido.

TESTEMUNHO DE VIDA

Ao concluir podemos ainda perguntar: vocês acreditam de verdade naquilo que anunciam? Vocês vivem aquilo que acreditam? Prezados Agentes Pastorais, estejamos atentos ao **testemunho de vida** porque aqueles que nos ouvem tacitamente nos fazem essas perguntas. Mais do que nunca o testemunho de vida tornou-se uma condição essencial para a eficácia da pregação e do anúncio. É preciso que o zelo evangelizador brote de uma verdadeira santidade de vida, alimentada pela oração e sobretudo pelo amor à Eucaristia (EN 76).

UNIDOS EM CRISTO

No Evangelho de São João 17,23 Jesus faz um pedido ao Pai: "Que eles sejam perfeitos na unidade para que o mundo acredite que tu me enviaste". O testemunho de vida inclui **estar unidos em Cristo**. A força da evangelização torna-se fraca quando aqueles que a anunciam estiverem divididos entre si, por toda sorte de rupturas; ela torna-se forte quando manifesta realmente que somos um só corpo, unidos em Cristo. Neste sentido, é aconselhável que os Agentes Pastorais façam a **revisão de seus trabalhos**, com o intuito de corrigir para servir melhor. Serviço que é expressão do amor de Cristo, naquele que serve.

ANIMADOS PELO AMOR

"O amor e a verdade se encontram", diz o salmo 85,11, e Paulo VI afirma que "é um sinal de amor a **preocupação de comunicar a verdade** e de introduzir alguém na unidade da Igreja" (EN 79). Esse zelo apostólico é um distintivo do apóstolo leigo.

É precisamente esse **zelo, guiado pelo amor a Jesus Cristo**, que leva o Agente de Pastoral a ser respeitoso com a situação religiosa e espiritual de cada participante do encontro. Jesus Cristo torna-se a razão única de ser dedicado, prestimoso, alegre, forte na fé, cuidadoso em não ferir os mais fracos. Enfim, é o amor de Deus presente no Agente de Pastoral que o leva ao "esforço para transmitir aos cristãos, não dúvidas ou incertezas nascidas de uma erudição mal assimilada, mas certezas sólidas, porque estão ancoradas na Palavra de Deus" (EN 79).

Que Maria Santíssima continue presente em sua vida ajudando-o a construir o Reino de Deus, em sua paróquia!

O SACRAMENTO DO MATRIMÔNIO

"Por isso, um homem deixa seu pai e sua mãe e se une à sua mulher, e eles dois se tornam uma só carne. Ora... estavam nus, porém não sentiam vergonha" (Gn 2,24-25).

A Bíblia narra, com todo encanto, o início da família humana através de Adão e Eva. Deus criou o homem à sua imagem e semelhança. Criou o homem e a mulher, e fecundos para se multiplicarem sobre a terra (Gn 1,27-28). A humanidade iniciou, então, sua caminhada onde "o homem deixa seu pai e sua mãe e se une à sua mulher, e eles se tornam uma só carne" (Gn 2,24).

As pessoas de todas as civilizações e culturas sentem a misteriosa força que as atrai para o casamento. Os rituais religiosos e os códigos de comportamento envolvem a fonte da vida numa diversidade muito grande. Mesmo assim, hoje, quando vemos um grande número de jovens em busca do casamento, vem-nos uma pergunta espontânea: "Por que eles se casam?" Percebemos que os motivos são muitos e diversificados.

POR QUE CASAR?

Pode-se destacar, entre outras razões, que alguns casamentos são feitos por motivos de:

FUGA de algum problema. Por exemplo, fugir do lar ou de uma situação desconfortável na casa dos próprios pais. Os jovens não se sentem bem diante de constantes brigas ou do quadro humilhante de alguém frequentemente embriagado. O ambiente não é bom, nem aconchegante.

CARÊNCIA no processo de formação. Pessoas que sofrem do vazio provocado pela falta ou ausência paterna e materna. Em geral são levadas a projetar, na pessoa do outro, o pai ou a mãe que nunca tiveram. O lar ficará formado assim: um marido que tem de fazer papel de pai ou a esposa que tem de ser a eterna "mãe" para seu esposo.

JUSTIFICATIVAS À SOCIEDADE. Alguns casamentos sofrem a pressão da sociedade, dos conhecidos ou dos próprios familiares, por isso, o jeito é casar:

— Ainda não casou?... Há tanto tempo que namoram!
— Se a gente não se casar, o que vão dizer?... O filho já vem por aí!

IMPULSOS, isto é, deixar predominar como único e principal motivo o aspecto sexual, o prazer e nada mais. Gente que não tem perspectivas de um lar estável, de uma família nova, de uma experiência a dois para ser levada até o fim. O casamento seria, apenas, uma aventura sem responsabilidades, que dura enquanto se diverte.

EGOÍSMO. O egoísta procura centralizar tudo em si mesmo e para o seu bem-estar. Dificilmente reparte o "dom de si mesmo" e pouco acredita no amor para com o outro. Nestas alturas o casamento passa a ser constituído de "tarefas" cotidianas nas quais tudo tem a direção única de satisfazê-lo. É o que se diz de muita gente que se casou mais com a boa cozinheira, com a boa lavadeira, com o homem "ganha tudo". É triste ver o egoísta escravizando alguém pelo interesse do dinheiro ou por comodidades.

AMOR. Muitos se casam realmente porque se amam, por amor verdadeiro, recíproco e sólido. No decorrer da vida a maturidade do amor fundirá os dois "num só coração e numa só alma"

Ao se falar do amor, costuma-se distinguir:

a) **Amor-caridade:** é aquele em que predomina a realidade espiritual, o conhecimento e a vontade, motivando a procurar o bem integral da pessoa. Esta maneira de amar é toda oblativa e dedicada no fazer todo esforço para o bem do outro. O modelo é o amor gratuito de Deus voltado para as suas criaturas.

b) **Amor-amizade:** é chamado assim aquele amor que une irmãos, que constrói amizades, que leva a encontrar no outro os valores humanos complementares compartilhados reciprocamente. O verdadeiro amigo não vive de contratos nem de gratificações ansiosamente esperadas: eu coço suas costas e você coça as minhas. O amigo é aberto ao diálogo e oferece espaços para a partilha generosa. O amor-amizade exige um cultivo esmerado da sensibilidade em suas várias formas.

c) **Amor sexual:** é denominado aquele impulso em busca de formas de relacionamentos envolvendo também a procriação. Esse amor, no matrimônio, expressa a união do homem e da mulher em íntima comunhão de vida; na doação recíproca eles se voltam igualmente para a constituição da família e dos filhos.

A presença da GRAÇA de Deus, não podemos nos esquecer, faz-se presente em todas essas realidades, dando sentido e santificando a vida humana.

A IGREJA E A FAMÍLIA

A Igreja dá muita importância ao casamento religioso. Por quê? Que é IGREJA?

Jesus Cristo, quando diz "onde dois ou mais estiverem reunidos em meu nome, eu estou no meio deles" (Mt 18,20), coloca o fundamental para se entender o que é Igreja: a sua pessoa no centro e ao redor dele os irmãos unidos na mesma fé e caridade, no mesmo batismo.

A Igreja católica tem sua estrutura própria de papa, bispos, sacerdotes, diáconos, fiéis; subdivide-se em dioceses onde os bispos orientam, através dos ministérios, os fiéis das paróquias. Cada paróquia poderá ter várias comunidades, urbanas ou rurais, atendidas por ministérios, por exemplo dos doentes, da eucaristia, do batismo, da crisma, do matrimônio, dos noivos.

A Igreja tem um carinho muito grande com o casamento e, consequentemente, com a família, porque o matrimônio é que dá continuidade à família humana e cristã. Reconhece os valores da família para com a sociedade e para si mesma, pois, no plano de Deus, a procriação — gerar-educar-formar — passa pela família.

À medida que a sociedade passa por mudanças em várias áreas, surgem dúvidas, incertezas, questionamentos sobre o matrimônio: *"Vale a pena casar-se na Igreja?"* Com humilde firmeza a Igreja não deixa de proclamar toda a lei moral, isto é, os autênticos valores humanos, como caminho a seguir; a dignidade dos cônjuges como valor a se proteger.

"Ao defender a moral conjugal na sua integridade, a Igreja sabe que está contribuindo para a instauração de uma civilização verdadeiramente humana. Ela compromete o homem para que este não abdique da própria responsabilidade, para submeter-se aos meios da técnica" (HV 18).

A Igreja se preocupa com os meios de comunicação social, muitas vezes usados na manipulação da opinião pública. Eles, notoriamente a TV, entram nos lares com mensagens explícitas ou camufladas sobre o amor livre, o aborto, o divórcio, a infidelidade conjugal, o hedonismo desenfreado. A consciência crítica dos telespectadores e da própria família é uma necessidade diante desses perigos. É preciso estar atento, discernir, julgar e encontrar meios para que a destruição do lar não venha a acontecer.

O CASAMENTO OU MATRIMÔNIO CRISTÃO

O **amor que brota** naturalmente entre um homem e uma mulher conduz à união íntima entre eles. Unidos formam um casal, princípio e base de uma nova família.

No casamento, o amor do esposo e da esposa é recíproco e deve expressar-se em **coisas pequenas e grandes**: um atendendo ao outro nas suas necessidades humanas e pessoais; comunicando um ao outro seus pensamentos, sentimentos, ao ponto de formar realmente a UNIÃO de vida. Esse amor vivido em momentos de espiritualidade, de sensibilidade ou de sexualidade realizará também o ideal procriador que Deus lhes concedeu.

Neste contexto podemos perguntar: *"Por que o Casamento é um Sacramento?"*

O que é um "Sacramento"?

Sacramentos são sinais ou gestos especiais que significam a presença de Jesus em nosso meio e trazem para "hoje e agora" sua ação salvadora em nosso favor.

No sacramento temos o próprio Jesus em nossa caminhada, repetindo aqueles gestos e sinais que ele fazia, ora perdoando, ora curando, unindo-nos com Deus Pai, através do Espírito Santo. Como percebemos, os sacramentos não são sinais e gestos mágicos, mas sinais e gestos unidos à pessoa de Jesus Cristo, fonte de todas as graças. Notamos como a fé, aceitar a pessoa de Jesus Cristo e a sua presença em nossa vida, torna-se a base para se receber um sacramento.

O que é o Sacramento do Matrimônio?

É o amor que existe entre o homem e a mulher, o qual **Jesus toma e faz** dele um sinal também de seu amor, de sua vontade de santificá-los e de salvá-los. O casal que acolhe esse "amor santificado" de Jesus entre eles cresce e vive, dia a dia, o sacramento do matrimônio.

Por isso se diz que o Sacramento do Matrimônio é sinal de Deus e **presença de salvação**, um para o outro (Ef 5,25-33).

É por isso que o casamento só acontece **por livre vontade dos noivos** e entre pessoas que tenham fé em Jesus Cristo.

Desta forma, o matrimônio cristão é muito mais que um acordo particular, mas sim **uma aliança com Deus, a dois, um ato religioso.** É um projeto de fidelidade para sempre.

Como sinal do quanto Deus nos ama, o casal deve traduzir em carinho, respeito, diálogo constante e união sexual, aquela harmonia desejada por Deus a seus filhos.

O Papa Paulo VI (HV 9) indica no amor conjugal e no casamento cristão, as seguintes características:

Plenamente humano, quer dizer, espiritual e sensível, de tal modo que os esposos se tornem um só coração e uma só alma.

Amor total: uma forma muito especial de amizade pessoal na qual se compartilham todas as coisas, sem reservas indevidas e sem cálculos egoístas. Amor total de um pelo outro não somente pelo que recebe dele, mas por ele mesmo e pela oportunidade que tem de enriquecê-lo com o dom de si próprio.

Fiel e exclusivo, até a morte, no caminhar lento do dia a dia na vida a dois. Tornam-se testemunho e sinal do amor, da aliança, da presença de Deus, até mesmo nos momentos mais difíceis. A sociedade, a Igreja e os filhos do casal necessitam desse testemunho.

Fecundo: amor que não se esgota nem se fecha entre os dois, mas dá continuidade com novas vidas. Eles entregarão à sociedade e à Igreja o fruto dessa fecundidade.

UMA FAMÍLIA CRISTÃ

A fé vivida em cada um dos cônjuges deve encontrar ocasiões para se manifestar a dois. Isto ocorre nos momentos de oração juntos, na leitura da Palavra de Deus, na frequência à comunidade paroquial ou a grupos de apoio dos quais participam. Eles se tornam duas chamas que se unem formando uma só, viva, forte, luzente. É a fé atuante no coração dos pais.

Essa convivência de fé gera o AMBIENTE cristão do lar, importante para uma comunhão de vida entre eles e principalmente para os filhos. Semelhantes às plantas que necessitam da água, os filhos necessitam da fé dos pais, de seu testemunho e da experiência cristã da família.

Sugerimos aos noivos que façam uma reflexão séria e bastante concreta sobre o "tipo de família cristã" que desejam constituir. É importante que se posicionem sobre os momentos de oração em casa, sobre a frequência aos sacramentos, como ouvir e ler a Palavra de Deus, quando praticar as devoções pessoais. Quais são os sentimentos que os animam na prática da caridade ao próximo e, se possível, na participação de grupos católicos de apoio à vida cristã, como: Cursilhos, Movimento Familiar Cristão, Carismáticos, Legião de Maria, Focolare e outros movimentos paroquiais.

CONCLUSÃO

Nos relógios de antigamente, estragada a roda-mestra, todo o relógio ficava desacertado. O sacramento do matrimônio é uma proposta de se ter o amor como eixo e base central da vida conjugal. Este amor repousa em Deus, e Deus permanece sempre. É preciso, junto dele, refazer todos os desacertos da vida e nele encontrar a força para viver bem o amor no Sacramento do Matrimônio.

Para refletir:

1) O Matrimônio é o sacramento que celebra o amor que naturalmente nasce entre um homem e uma mulher cristãos.
2) Só um amor muito forte leva uma pessoa a entregar-se inteiramente à outra, consagrando a própria vida para fazer o outro feliz. A proposta cristã é de um projeto para sempre, com o amor de Deus presente.
3) O egoísmo, que leva cada um a pensar só em si mesmo, é o grande pecado no casamento. Descubra quando esse pecado poderá acontecer.
4) Os noivos são os ministros do sacramento do matrimônio celebrado pela comunidade. É preciso estar bem preparado!
5) *"O que Deus uniu, o homem não separe"* (Mt 19,6). O egoísmo e a maldade humana podem quebrar esse projeto assumido com Deus.

Perguntas para o grupo:

• Quais os "porquês" de seu casamento?
• Como é seu AMOR?
• Como será o jeito de você viver a religião depois de casado?

Nota: *Aconselhamos o livro* "Preparação para o casamento e para a vida familiar", *de D. Eusébio Oscar Scheid, Editora Santuário, como excelente subsídio para os Agentes Pastorais da Família.*

HARMONIA CONJUGAL: "EU E TU" NO CASAMENTO

*"O amor verdadeiro é dom recíproco que dois seres felizes
fazem livremente de si próprios, de tudo que são e têm.
Isto pareceu a Deus algo de tão grande que ele
o tornou um sacramento"* (P. Claudel).

Alguém já disse que "o amor é o melhor padrinho do casamento e a estima recíproca a mais fiel das amigas". O fruto desse amor e dessa estima recíproca é o que chamamos de "harmonia conjugal", na qual o "eu e o tu" se encontram formando um só coração e uma só alma.

O amor verdadeiro é o dom recíproco que dois seres felizes fazem um ao outro, livremente, de tudo o que são e de tudo o que eles têm. Essa doação, por mais límpida que seja, é acompanhada pela limitação humana. Mais dia, menos dia, as dificuldades não deixam de aparecer e comprovam o quanto ela é verdadeira.

O casamento não é uma coisa, mas sim a vida que caminha passo a passo, como as contas de um rosário.

- Ele acontece TODOS OS DIAS...
- Ele é vivido POR VOCÊS DOIS...
- Ele é vivido no DIA A DIA da vida humana!

Nesse passar do tempo, o "Eu" confronta-se com o "Tu" do outro. É um encontrar-se e conhecer melhor a realidade que envolve o casal, com suas qualidades e defeitos. Toda atenção é pouca para prevenir rupturas sutis ou despercebidas. Além do egoísmo alojado no interior de cada um, outras dificuldades externas poderão cair, como chuva, no telhado do novo lar.

INTERFERÊNCIAS E REJEIÇÕES

Por razões as mais diversas, muitas vezes os pais **passam a avaliar** os noivos com olhos críticos e a rejeitar a ideia de casamento. O jeito mais comum que encontram é pedir aos filhos mais tempo para sua realização. Nem sempre os pais se dispõem a expor claramente as dificuldades que enxergam e a propor um diálogo aberto com os noivos.

E se o casamento acontece, fica no ar aquele "contra" sentido de alguém.

Outras vezes são os **pais que não se acostumam** com a ideia de que os filhos se casaram. Essa atitude manifesta-se com a excessiva interferência na vida do casal. Certamente preocupam-se com o bem-estar do novo ninho, mas não percebem que o cuidado demasiado, o acúmulo de conselhos, as muitas perguntas às vezes indiscretas perturbam a expe-riência que eles, os dois, devem fazer sozinhos e livremente. Para muitos pais os filhos continuam, ainda, como que debaixo de suas asas. O casamento e o novo estado de vida merecem respeito. As decisões e o amadurecimento na caminhada são deles. A experiência que precisa ser vivida é deles e não dos pais!

RELACIONAMENTO COM FAMÍLIAS

A Bíblia, ao dizer que o homem e a mulher deixarão seus pais para constituir sua própria família (Gn 2,24), não está afirmando que devem abandoná-los. Doutra parte, é inegável que se requer atenção no relacionamento que devem manter com eles, nesta nova situação.

Onde está a boa medida? As ocasiões são muitas e diversas, por exemplo:

• O fato de se planejar mais encontros com uma das famílias do que com a outra poderá ser início de uma desarmonia no casal despreparado. É a esposa que se queixa: "Ele não vai com a cara de meu pai, e nem sei por quê!"

Aos poucos o ressentimento poderá entrar no coração de um ou de outro: "Minha mulher prefere ver o lobisomem, e nunca a minha mãe. Ela a detesta!" No fundo da alma, os dois estão se machucando.

• Nas visitas frequentes torna-se fácil notar o quanto os pais estão dispostos e ansiosos para dar conselhos aos recém-casados sem perceber os seus limites. A interferência vem com o excesso de zelo e nem sempre são felizes e oportunos em suas palavras. A tendência do casal é retrair ou "engolir" e, no momento de atrito, despejar na cara do outro: "Bem que sua mãe já dizia... Seu pai tinha razão!"

• Reação semelhante é a dificuldade em acatar os conselhos dos pais ou dos sogros, tornando-se menos receptivos. A capacidade de escutar, de ouvir sem se aborrecer é algo que se aprende. Como lidar com os ressentimentos quando aparecerem? O novo casal precisa ter calma, ouvir e dizer numa atitude respeitosa: "Nós vamos pensar".

• Conviver com as falhas não só do outro, mas das diferentes famílias que se encontram, é outro desafio. Ninguém é perfeito, mas também que se diga, conviver com defeitos de sogros irritantes requer paciência e muita tolerância.

• Afinal, como manter a intimidade com os pais após o casamento?

A intimidade e a amizade recíproca entre os cônjuges deverão ser respeitadas, sempre! Mesmo quando se conversa com os pais, com o sogro ou a sogra, não se deve dar espaço para conselhos preconceituosos ou transmitir uma imagem negativa do companheiro(a) aos próprios familiares.

• E os amigos e amigas confidentes antes do casamento?

O novo casal deve dialogar sobre o quanto esse relacionamento interfere em seu casamento, preservando sempre a amizade e intimidade próprias. É questão de bom senso e juízo correto. Os amigos confidentes entenderão que, após o casamento, a mais íntima amizade agora é do seu esposo ou esposa. O segredo natural muitas vezes exigirá do casal silêncio respeitoso sobre experiências, realidades, limitações de suas vidas. A difamação, mesmo mínima, não deve ter lugar no casal cristão.

Quando ocorrerem situações nas quais a ajuda de um sacerdote ou profissional se fizer necessária, seja objetivo e claro, porém discreto!

RELACIONAMENTO SEXUAL

A importância do bom relacionamento sexual no casal cresce cada vez mais diante da pluralidade e das facilidades de condutas que o mundo moderno nos oferece. Muitos valores são invertidos, outros suprimidos pela sociedade, pondo sempre em dúvida a fidelidade e a própria estrutura do casamento.

A doutrina da Igreja Católica afirma que os atos com os quais os esposos se unem em intimidade e através dos quais se transmite a vida são honestos e dignos (HV 11; GS 49). Igualmente, há uma conexão inseparável entre os dois significados do ato conjugal: o significado UNITIVO e o significado PROCRIATIVO.

O casal deve **reconhecer os limites** intransponíveis no domínio sobre o próprio corpo e suas funções. Esses limites devem ser reconhecidos a partir do respeito à integridade do organismo humano, das suas funções específicas e da pessoa como um todo. Para a harmonia sexual, é imprescindível o **respeito mútuo, físico e moral**.

A SEPARAÇÃO

A **separação** do casal acontece por distorções na harmonia conjugal. Por muitas causas, formam-se grandes vazios na consistência da vida a dois, que levam à separação.

• A ausência do **diálogo**, do afeto recíproco, das atenções respeitosas, do amor trocando em miúdo e vivido durante o dia, pode ser causa da separação. O amor conjugal em sua expressão mais íntima não adquire consistência com esse vazio. Como é possível ter uma relação normal como expressão do amor que os une, se um deles foi desprezado ou até mesmo massacrado pelo outro durante o dia? Há violência e não amor.

• Ausência de **fidelidade** é outra chaga que pode abalar toda estrutura do lar. Vejamos algumas causas da infidelidade:

Imprudência: "A ocasião faz o ladrão" tanto no trabalho, como nas amizades ou em outras circunstâncias.

Fraqueza: Por não ter sabido se posicionar diante das ocasiões que normalmente despertam as emoções e os afetos. Não se pode brincar com fogo!

Irresponsabilidade: Pessoas que não se assumem como casados, seriamente comprometidos com o outro a quem respeita e seriamente comprometidos com Deus em sua fé. São eternos solteirões irresponsáveis, imaturos para constituir uma família.

Indecisão e incompreensão para acolher as limitações do companheiro(a) quando passa por fases que perturbam a convivência sexual. Esta circunstância é delicada e merece toda atenção. Merecem respeito e cuidados sua saúde, suas canseiras e estafas. Diante de qualquer dificuldade que surgir na convivência sexual, é preciso saber dar tempo e manter o diálogo aberto e respeitoso.

O SIGNIFICADO UNITIVO E PROCRIADOR

O ato conjugal possui dois significados importantes: o unitivo e o procriador. Eles dão o sentido de amor mútuo e verdadeiro, e precisam de certa tranquilidade para serem vividos. O medo, a incerteza, a desconfiança podem tornar-se fatores de desarmonia. Por isso, é importante e conveniente que o casal tenha clareza sobre o ato sexual em seu todo, sobre as consequências e condutas que o envolvem.

Dentro dessa perspectiva, nota-se a preocupação do casal com os métodos anticonceptivos, cismas com doenças ou moléstias transmissíveis. A vida conjugal requer tranquilidade e paz de espírito, por isso recomenda-se maior clareza sobre estas ansiedades:

ANTICONCEPÇÃO: É bom observar que há muitos métodos usados na anticoncepção.
Existem métodos de comportamento que dispensam a interferência de medicamentos ou de instrumentos. Contudo, eles exigem do casal que se abstenham do ato sexual durante certo período do mês, no período de fertilidade da mulher. Há outros métodos que utilizam medicamentos ou instrumentos, ou cirurgia para impedir uma concepção. De maneira geral, podemos dividir os métodos anticoncepcionais em *naturais e artificiais*.

Os métodos naturais são os mais aconselháveis por não usar componentes externos que poderiam causar problemas para a mulher. Os mais usados são os métodos Ogino-Knaus e Billings.

EXAMES PRÉ-NUPCIAIS: É conveniente a todo casal que faça exames pré-nupciais, orientados por médicos, para detectar alguma moléstia que possa vir a acarretar problemas para o próprio casal ou para seus filhos; por exemplo, doenças como diabetes, anemia e outras. Esses exames tranquilizam a vida íntima do casal.

DOENÇAS SEXUALMENTE TRANSMISSÍVEIS (DST): Para que não haja problemas durante o casamento, é preciso também que os cônjuges saibam da existência de moléstias sexualmente transmissíveis, das quais podem ser portadores até mesmo sem ter conhecimento. Desta forma, por exemplo, a AIDS e a blenorragia podem, de início, não apresentar sintomas e ser transmitidas para o parceiro. Por isso é importante e aconselhável o exame antes do casamento.

"EU E TU" NA VIDA CONJUGAL

A harmonia sexual depende muito do relacionamento que se estabelece entre o "eu" e o "tu" do outro. Como você vê o seu companheiro(a)? Como você entende a maneira de ser daquele(a) que está a seu lado? Quando usamos óculos verdes, tudo é verde; se usamos óculos escuros tudo é escuro. Com que óculos você vê o outro? Por isso é importante refletir, observar e ter certeza de que:

Todos, homem e mulher, são **criaturas humanas**, e por isso finitas, limitadas. O seu companheiro não é anjo, mas ser humano com falhas, com defeitos e também com muitas qualidades. Não vá além!

Como criatura de Deus, **somos iguais**: *"Em Jesus Cristo, na comunidade cristã, já não importa se alguém é escravo ou livre, se é homem ou mulher. Somos todos um em Cristo Jesus"* (Gl 3,28).

Contudo, muita coisa depende de seu modo de pensar, de sua cabeça, de **seu modo de enxergar** o mundo, as pessoas e Deus. Imagine o machismo que só vê na mulher alguém para servir, instrumento de prazer; imagine o feminismo exacerbado a lutar com o machismo concorrente e recaindo nos mesmos vícios deste.

Lembre-se de que a unidade que forma as criaturas **não elimina a diversidade** física e psíquica do seu "eu" e do "tu" do outro. Essa diversidade merece todo respeito e se constitui numa riqueza humana muito grande. Como a diferença entre as flores forma a beleza do jardim, igual beleza nasce entre o homem e a mulher desde que haja reconhecimento, respeito e admiração um pelo outro.

A **mulher** por constituição é a "mãe" potencial ou atual, que amadurece o filho em seu seio, nove meses com ela vividos dia a dia. Ela é ternura, é bondade, cheia de intuição e afeto.

O **homem** por constituição é o "pai", mas não carrega o filho na gestação, como a mãe. Ele tem mais a força física, gosta de conquistar, detesta depender; é capaz de sacrificar-se pelo sustento de sua família. Seu íntimo pode ser rico de afeto e de muito amor generoso na partilha. É fácil cometer-se enganos quando ele é julgado apenas pelas aparências. Não é difícil encontrar muita dedicação no silêncio de um pai.

A **personalidade** dos dois dependerá da natureza física de cada um, da educação que receberam, das influências transmitidas no processo de sua formação, das influências do meio ambiente social, cultural e econômico em que vivem.

E **os defeitos**?

Cada um traz seus defeitos misturados com suas qualidades. Jamais se deve esquecer que eles são iguais, como criaturas humanas de Deus, mas diferentes no percurso da vida. Conhecer em profundidade o outro e a si mesmo contribui em muito para a perfeição da harmonia no casal, tornando-os capazes de assumir reciprocamente a vida matrimonial, sem barreiras, como ela é.

Para refletir:

1) O matrimônio é um sacramento que celebra o amor existente entre um homem e uma mulher diante de Deus.

2) O sacramento do matrimônio é realizado pelas pessoas que se casam conscientes.

3) O casamento é uma escolha que se faz livremente.

4) A amizade e a intimidade de um casal devem sempre ser respeitadas.

5) Os atos com os quais os esposos se unem em intimidade e através dos quais se transmite a vida são honestos e dignos.

6) Faz parte do casamento aceitar, de forma madura, as limitações do cônjuge e fazer tudo para que o outro cresça como pessoa.

7) A realização do sacramento do matrimônio se faz lentamente, dia após dia, na fidelidade recíproca do amor que os envolve. O sacramento do matrimônio acontece e se plenifica no decorrer de toda a vida.

Perguntas para o grupo:

• Como você imagina a harmonia conjugal de seu casamento?
• O que você pode fazer para que o outro se sinta bem com você?
• Como manter a lealdade e o respeito à intimidade do outro?
• Que fazer para o casamento não se tornar difícil de se engolir?

Nota: *Aconselhamos o livro* "Esta nossa aliança", *de Renee Bartkowski, Editora Santuário. O autor traz orientações práticas e oportunas para recém-casados e que servem de subsídios para Agentes Pastorais da Família.*

O DIÁLOGO ENTRE O CASAL: A IMPORTÂNCIA DA COMUNICAÇÃO

"Como o ninho, a felicidade de dois seres que se amam deve ser construída pedacinho por pedacinho, através de esforços mútuos de compreensão" (Cardeal Feltin).

O que é "comunicar-se"?
Comunicação é, antes de tudo, um relacionamento. Não podemos reduzir comunicação somente aos "meios ou instrumentos" usados para comunicação, por exemplo a escrita, o rádio, a TV.

O **relacionamento** supõe o outro com quem se comunica, através de um processo. O entendimento entre os dois acontece de maneira mais intensa, na medida em que houver entre eles um código comum. Em nosso caso esse "outro" é você, esposo ou esposa, e só é possível vocês se entenderem se tiverem a mesma maneira de falar, se tiverem um código comum, a mesma linguagem.

A comunicação com o outro, o processo "ida e vinda" no relacionamento chamamos de **interação ou diálogo**.

É no diálogo que aprendemos **a descobrir o outro** nos seus valores complementares, como "imagem e semelhança de Deus" (Gn 1,26-27).

Esse comportamento de dialogar com o companheiro(a) não se reduz a instantes, mas é um **processo contínuo**, pois não se conhece o outro em apenas alguns momentos vividos juntos. Esse conhecer é também forma de amar e de permitir que haja participação na própria vida.

O DIÁLOGO E SUAS VARIAÇÕES

"Conhecer-se e deixar-se conhecer" vai muito além da simples conversa, pois envolve também outros momentos na vida do casal. Tudo é importante e tem o seu significado.

Nesta perspectiva, o diálogo apresenta algumas qualidades que se fazem necessárias, tais como:

• **Sinceridade**: Nasce do amor, da paz, da alegria um no outro. Relacionar-se com o outro baseados na suspeita, na desconfiança, na mentira, só pode levar a confrontos inúteis e a distanciamentos cada vez maiores.

• **Respeito**: Respeita-se sempre o outro no que é, no que pensa, no que diz. O diálogo não é uma forma de engolir o outro com suas ideias e com seu modo de ser. Antes de tudo é uma valorização de suas riquezas pessoais.

• **Colaboração**: Somar com o outro, enriquecer, até mesmo quando houver discordância. O diálogo não divide, mas une olhos que enxergam mais e melhor. Ele busca o que é bom e a verdade.

• **Desapego**: O diálogo verdadeiro não posiciona as pessoas no comportamento de conquistar ideias, coisas, mas é uma forma do amor afetivo e efetivo pelo bem do outro. Por isso ele se torna acolhedor da pessoa do outro, sem apegos.

• **Oportunidade**: A Bíblia diz que "tudo tem seu tempo e o momento oportuno, para todo propósito debaixo do céu" (Ecl 3,1). A melhor ocasião para um diálogo proveitoso leva em conta as disposições e limitações da pessoa com quem se conversa. Nem tudo deve ser falado em qualquer lugar, a qualquer hora. O rio só corre se houver limites, se houver margens.

• **Ouvir e acolher**: Nunca confundir diálogo com bate-boca nem com bate-papo. É preciso saber ouvir e acolher respeitosamente tudo o que o outro fala, pois o que ele diz é propriedade dele, faz parte de seu modo de pensar. Interromper, retrucar são formas desrespeitosas na conduta humana. O diálogo inclui o olhar; dar atenção é interessar-se pela pessoa, é valorizá-la. Fazer-se um com o outro é a maneira empática de acolhê-lo sem barreiras.

• **Perdão**: é mais do que palavras, é uma atitude de amor. É a certeza de que o caminho está aberto, sem censuras; as fraquezas, os erros e os enganos encontrarão na conversa franca o seu momento de perdão e de misericórdia. O diálogo se constrói sobre o fundamento do amor que gera perdão, compreensão e muita clareza no relacionamento interpessoal. Na Bíblia, Lc 17,3-4, encontramos o caminho de uma ajuda recíproca.

• **Descontração** faz parte de uma conversa tranquila e amiga. seria ridículo um soldado tomar refeições, entre amigos, em posição de sentido; no entanto, isso pode acontecer com o casal que não consiga um diálogo aberto com o outro, sem máscaras, sem formalismos.

NO DIÁLOGO SE APRENDE

Lembramos que o diálogo é um processo de aprendizado. O casal amadurece dia a dia nesse treinamento com idas e vindas, com acertos e desacertos. Nele se aprende:

• **Dar e receber**: parece fácil, mas nem tanto. Pergunte a seus pais ou a um casal mais velho se esse comportamento é perfeito em todos os momentos do relacionamento. Partilhar o dinheiro, sem apegos; o tempo, sem comodismo; a presença, sem egoísmo; o servir, sem amarguras nem servilismo; enfim, é preciso aprender a dar e receber sempre com amor. Há ocasiões em que o comodismo ou a falta de compreensão e egoísmo arrastam um dos dois a reter para si só o melhor e a maior parte. É na busca de um equilíbrio constante que o casal encontrará, em coisas grandes e pequenas, a harmonia existente entre eles. Faça tudo por amor, não por obrigação.

• **As falhas do outro**: Você sabia que no casamento se casa com os defeitos e as limitações do outro? Quando são namorados ou noivos, o amor coloca um véu que justifica tudo e não deixa ver e sentir a realidade da vida. É preciso aprender a acolher o outro como ele é e saber ajudá-lo no momento oportuno.

- **O discordar** de alguém não é coisa do outro mundo. Impossível sempre dizer "amém" a tudo e a todos! A certa hora o casal discorda, diverge, discute sobre alguma coisa. Importa saber fazê-lo com caridade e respeito.
Discutir com alguém não significa brigar, mas expressar ao outro os sentimentos, o interior, a maneira de pensar e sentir. Isso faz bem. Acaba-se com aquele "nó na garganta" ou com a panela de pressão que procura o seu momento de evasão. Aprenda a discordar com educação, isto é, sem a declaração de guerra, quando cada um defende o "seu" com agressividade e, não raro, com gritos. Pior ainda se todo um passado negativo começar a ser desenterrado. Discordar significa oferecer, oportunamente ao companheiro, uma maneira nova ou diferente de se ver a realidade; oferecer ao outro ao menos uma desconfiança de que é possível ser diferente. Apegados que somos a nós mesmos, é conveniente suspender a discussão quando se percebe um grau elevado de emoções. Neste momento nada se resolve ou nada se vê, e muito pouco se aceita.

- **Corrigir** significa retificar uma coisa errada; é um aperfeiçoamento. Quem não erra? Errar é humano. Ao corrigir um erro muitas vezes censuramos também a pessoa que errou. Aprender a criticar e a corrigir, na vida do casal, importa saber fazê-lo de maneira sempre construtiva. Não o faça com raiva, nem envolva a pessoa. Enquanto possível, coloque-se junto na crítica.

É possível transformar a correção e a crítica em um gesto de amor; para isso é necessário escolher o momento oportuno, de preferência quando estiverem a sós, e a maneira cuidadosa de falar e se expressar.

Os frutos da humildade são o amor e a paz. Corrigir e criticar, dizer e ouvir com humildade espanta o revide, a raiva, e reconduz à maior amizade, segurança, confiança recíproca.

• **O perdão**: faz parte da vida a dois o gesto de perdoar e ser perdoado, pedir e receber desculpas. Diz o provérbio que "água parada cria bichos e apodrece". Nosso interior também é assim, deteriora-se com o acúmulo de ressentimentos estagnados e que, aos poucos, gera raiva, separação. Pedir perdão e desculpas revela confiança, lealdade, transparência e liberdade. Não pedir revela medo, orgulho, vergonha. Às vezes, um gesto bondoso, carinhoso e sincero torna-se mais significativo do que palavras e mais palavras.

Perdoar de coração torna-se difícil, na medida em que a ofensa ou ferida também é mais dolorosa e profunda. Mas lembre-se que o perdão é mais atitude do que sentimento. Ele nasce do amor que acolhe e ajuda; o perdão sabe dar, novamente, o espaço necessário para o outro sentir-se livre em si mesmo.

• **O ciúme**: este nunca está isento de certa dose de inveja e com frequência se confunde com ela. Muitas vezes é a fonte do ódio. Na vida de um casal ele destrói a confiança, bloqueia a intimidade, machuca e deixa marcas. O ciúme se faz acompanhar de acusações e desconfianças; por certo, ele não faz a pessoa feliz nem colabora com a fidelidade no casamento. A liberdade assumida entre esposos comprometidos é que produz atitudes responsáveis no matrimônio. Em vez de ciúmes, procurem desenvolver atitudes positivas de confiança, liberdade, credibilidade, amor verdadeiro. Cuidado, não brinquem com ele, o ciúme destrói!

• **A delicadeza** é como a flor, encanta mas exige cuidados. Muitas vezes sentida e reclamada pela mulher, é uma qualidade que também se adquire com vigilância, treino e constância. Há pessoas que não percebem a impossibilidade de o outro adivinhar tudo: "Meu marido bem que podia perceber... Como ele custa para enxergar as coisas!" O simples fato de ser casado não faz descobrir tudo o que se passa na mente e na vida do outro; cada pessoa tem seu modo de ver e sentir o mundo, as coisas, as pessoas e até o próprio Deus. Em vez de cobrar é melhor lembrar, em vez de exigir é melhor cultivar a delicadeza recíproca em coisas pequenas, fruto do amor de esposo e esposa unidos no mesmo ideal.

O PERIGO DA ROTINA

É muito comum comparar o amor ao fogo incandescente que, após formar o braseiro, reduz tudo a cinzas. É a imagem da rotina conduzindo a vida cotidiana da família a um amontoado de desilusões.

Os tropeiros antigos, em suas andanças e paradas para o repouso na boca da noite, tomavam todo cuidado para que o fogo não desaparecesse durante a madrugada. Bastava-lhes um graveto, uma lenha a mais e a chama voltava a crepitar.

No casamento também é assim. Ele precisa ser realimentado; ele tem necessidade de gestos frequentes, como os pequenos gravetos, para que o amor não diminua. É preciso reacender, com atenções generosas, o bom e saudável relacionamento cristão do matrimônio.

Para que isso aconteça, observe o seguinte:

O tempo para atividades pessoais exige equilíbrio. Na vida humana, toda pessoa tem necessidade de um espaço pessoal e privativo. No casamento a vida é a dois, por isso, é preciso saber distribuir e respeitar o tempo que o casal dá a si mesmo e a seus amigos. Encontros, trabalhos de apostolado, momentos de lazer pessoal, tudo tem sua legitimidade; contudo, é indispensável o equilíbrio que mantém o casal unido.

Convém notar que nem todas as atividades do seu tempo de solteiro(a) são convenientes, depois de casados. Antes de qualquer decisão, pense no seu companheiro(a).

Na intimidade sexual não importa comparações com outros casais, nem se deve deixar influenciar por estatísticas e conselhos baratos dos meios de comunicação. Se o casal está satisfeito com a sua sexualidade e seus momentos mais íntimos, eles estarão vivenciando o amor conjugal e cultivando a fidelidade segundo sua própria consciência cristã. Diante de problemas reais que poderão aparecer, o diálogo franco, compreensível e bondoso entre eles encontrará seu espaço para solução.

Para o casal sensível às necessidades, aos sentimentos e aos desejos um do outro, o amor se torna expressão de uma intimidade respeitosa e princípio de uma fidelidade assumida.

As tarefas domésticas: nenhum trabalho, por mais humilde que seja, desonra a pessoa humana, mas adquire grandiosidade quando realizado com amor.

No cotidiano da vida familiar, há uma infinidade de momentos em que as tarefas domésticas se tornam oportunidades para se expressar a estima mútua que alimenta o amor do casal. Muitas vezes, é a desvalorização do trabalho caseiro que gera a ideia errada de uma ociosidade que não existe e de aborrecimentos com o companheiro(a). O companheirismo nas tarefas domésticas é uma riqueza no relacionamento do lar.

A verdade é que as pessoas, vindo de famílias diferentes, adquiriram hábitos distintos; e pode acontecer de alguém desorganizado casar-se com outra pessoa minuciosa e ordeira. E agora? Só mesmo o processo de caminhar juntos através do diálogo, com respeito e amor, é que lhes dará o equilíbrio. As tarefas caseiras sempre interferem no cotidiano de uma família, e basta a faxineira não aparecer um dia para sentir-se sua falta. Porém, se a paz, a alegria e a harmonia do lar começam a ficar comprometidas é porque alguma coisa está errada! É conveniente reavaliar o modo de pensar do casal e o que está sendo colocado, por eles, como valor mais importante e acima do bom relacionamento. Uma sala, um carro ou o gatinho, pode acontecer que venham a ocupar lugar de destaque nas preocupações de alguém. Nenhum ser humano gosta de ser substituído por coisas!

O orçamento da casa: O problema não é como administrar os gastos, as finanças da casa, mas quais as atitudes diferentes adotadas pelo casal nessa administração. O princípio "o que é meu é meu e faço dele o que quiser" é extremamente pernicioso para a família poder viver unida, em harmonia, em paz, com alegria. É caminho fácil para o individualismo.

Todo casal deve estar convicto de que o dinheiro é um bem necessário e exige cuidadosa administração a serviço da família. Aos esposos cabe concordar sobre os limites e metas das finanças; fazer orçamento e previsão juntos; comum acordo sobre o uso do cartão de crédito; como economizar para um determinado fim. O dinheiro é um dom de Deus e não deve tornar-se um "deus-ídolo" em nosso coração!

ACEITAR O "PODER MUDAR"

Toda pessoa deixa o útero materno e no mundo exterior aprenderá novos comportamentos, à medida que o mundo também lhe oferece novas possibilidades de vida. A própria vida trará perdas e ganhos; perde-se a criança e ganha-se o jovem. Em todo esse processo é necessário aprender a **organizar** e dar **direção** à vida, como filhos de Deus.

Aceitar **"poder mudar"** é uma necessidade principalmente para o casal e seus ideais. Inicialmente terão de adaptar-se ao estilo novo de vida de casados, a perder os costumes de "solteirão". Os costumes do companheiro terão de ser assimilados e ajustados.

E quando vier o primeiro filho? É preciso aceitar a paternidade e maternidade com amor e também saber mudar, ou melhor, dar novo rumo à vida do casal. Chegou mais alguém para morar com eles e participar intimamente de suas vidas! O filho terá seu espaço no coração da família.

Aceitar-se capaz de mudar significa construir — no dizer da Bíblia — a sua casa sobre a rocha. Uma casa onde:

• Deus seja o tudo e tenha seu lugar por primeiro.

• A conduta, a moral da nova família será uma herança a ser transmitida aos filhos, aos netos, a todos os que dela se aproximarem.

• O lar será *crist*ão, alimentando-se da Palavra de Deus, da Eucaristia, da prática da caridade cristã com os pobres.

• A Comunidade-Igreja será o lugar onde vocês, unidos a outros irmãos, celebrarão e cultivarão a vida nova de filhos de Deus. Unida em nome de Cristo, a família cristã terá condições de realizar sua vocação e missão recebida de Deus.

CONCLUSÃO

Deus ajuda-nos sempre. Ele dá a quem pede. A oração será uma grande arma nas mãos de um novo casal quando reza unido. Apesar de toda fraqueza e limitação, eles atingirão a meta porque souberam AMAR DE VERDADE.

"Dois ou mais unidos no meu nome, eu estarei no meio deles" (Mt 18,19-20), é a promessa de Jesus Cristo. Que ele esteja sempre junto de vocês, noivos hoje e casados amanhã!

Perguntas para o grupo:

- Imagine você num exame, tendo de responder:
- Como dialogar?
- Quando dialogar?
- Onde e sobre o que dialogar?
- O que faz você chatear o outro ou lhe causar irritação?

Nota: *Aconselhamos o livro* "O que constrói, o que destrói o casamento", *de William Rabior e Jack Leipert, Editora Santuário. O livro traz exemplos práticos e conselhos oportunos para um bom relacionamento na vida do casal.*

4

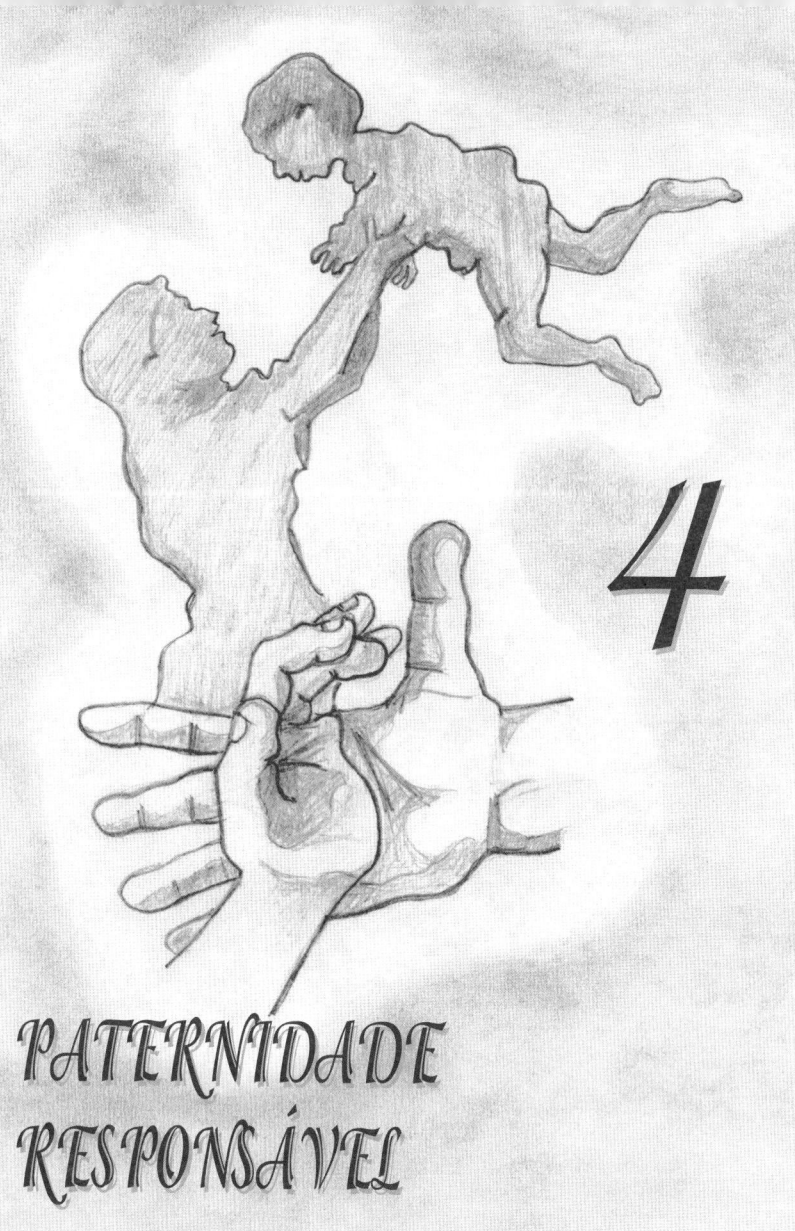

PATERNIDADE RESPONSÁVEL

"Cristo, ao nascer, assumiu a condição das crianças: nasceu pobre e sujeito a seus pais... Ao transmitir a vida a um filho, o amor conjugal produz uma pessoa nova, singular, única e irredutível. Neste momento começa para os pais o ministério da evangelização" (Puebla, 584).

Muitas vezes a dúvida, a confusão, a insegurança, o medo passam pelo coração do noivo e da noiva bem-intencionados nas vésperas de se casarem. Por que correr o risco de casar? E se não der certo? Vale a pena?

No início da Bíblia, Gn 1,27-28, podemos ler: "Deus criou o homem à sua imagem e semelhança; criou-os homem e mulher. Deus abençoou-os e lhes disse: sejam fecundos, multipliquem-se e submetam a terra". Interessante observar nesta passagem:

• Deus criou o homem e a mulher à sua imagem e semelhança! São iguais.
• Deus deu-lhes a sua bênção. São filhos abençoados.
• Deus concedeu-lhes o dom da fecundidade para procriar os filhos, também eles à imagem e semelhança de Deus.
• Deus fez-lhes um presente: a terra, o mundo.

Para aqueles que têm vocação para o casamento, vale a pena abraçar com Deus esta missão que lhes foi doada. É o que chamamos de paternidade e maternidade assumidas com responsabilidade, em Deus.

ASPECTOS DA PATERNIDADE RESPONSÁVEL

A encíclica "Vida Humana", do Papa Paulo VI, considera diversos aspectos ligados entre si sobre a paternidade:

• Em relação aos processos biológicos, a paternidade responsável **significa conhecimento e respeito** pelas suas funções no poder de dar a vida, nas leis biológicas que fazem parte da vida humana.
• Em relação às tendências do instinto e das paixões, a paternidade responsável significa o **necessário domínio** da razão e da vontade sobre elas.

- Em relação às condições físicas, econômicas, psicológicas e sociais, a paternidade responsável **é exercida** por decisão generosa e refletida de formar uma família. Por motivos sérios, evitar temporariamente ou por tempo indeterminado um novo nascimento.
- A paternidade responsável comporta ainda, e principalmente, a **consciência reta como intérprete** da lei estabelecida por Deus. Por isso os cônjuges devem reconhecer os próprios deveres para com Deus, para consigo mesmos, para com a família e a sociedade, numa justa hierarquia de valores.

Colocados esses princípios, vejamos:

CASAMENTO E FILHOS

A proposta católica sobre o casamento e os filhos **é um ideal elevado**, com exigências em sua realização. É uma proposta que admite graus e etapas de amadurecimento físico, psicológico, afetivo e espiritual. O casal não deve senti-lo como imposição, mas como solicitação de um ideal cristão. Dentro desse ideal coloca-se a vivência de uma espiritualidade conjugal e familiar, o respeito pela integridade do outro, um esforço de purificação e maior domínio sobre si mesmo (ascese).

O ideal elevado do casamento cristão, colaboradores de Deus, leva a uma pergunta: **"somos dignos de ter filhos?"** A vida do casal, o relacionamento cristão que devem ter, o ambiente do lar, o afeto e a comunhão de vida e de alma a que se propõem constroem o berço e o ambiente para acolher a nova "criatura de Deus"?

A eles caberá, com a presença e ajuda de Deus, gerar, formar, educar a sua prole.

FILHOS: UMA DECISÃO

A decisão que o casal tomará inclui a consciência de que os filhos mudam **os hábitos e a rotina** do casal.

A paternidade e a maternidade responsáveis incluem também a decisão do casal em relação ao **número de filhos que desejam** ter.

A responsabilidade de gerar filhos está ligada não só ao fator genético, mas **envolve o processo** de formação, de educação humana e espiritual da sua prole. Os filhos serão oferecidos à Igreja e à sociedade em que condições? Esta responsabilidade terá de evidenciar para os filhos os exemplos de fé e vida cristã dos pais.

ASPECTOS CLÍNICOS/MÉDICOS

Supomos, neste capítulo, que todos tenham os conhecimentos necessários de fisiologia e anatomia humana, já transmitidos nas escolas.

No encontro de noivos, faz bem lembrar, com insistência, alguns aspectos clínicos importantes para a família ao ter os seus filhos. São os seguintes:

• A união do espermatozoide com o óvulo, que normalmente acontece na trompa, chama-se **fecundação.** A gestação merece seus cuidados e, por isso, aconselha-se o acompanhamento médico, enquanto possível.

• **A insegurança da gestante** é provocada pela mudança que se opera em todo o seu organismo e pela experiência também psicológica pela qual a mulher passa na fase em que vai "ser mãe".

• Durante a gestação podem ocorrer **algumas doenças**, principalmente a toxoplasmose e a rubéola. Por esta razão é aconselhável que se façam os exames pré-natais, ou seja, o acompanhamento médico durante a gestação.

• O significado unitivo e procriador no matrimônio faz da fecundidade **algo que não seja simplesmente biológico**, mas sim um ideal no qual homem e mulher reconhecem o dom de poder transmitir a vida, formá-la, educá-la.

• A Igreja **reconhece a decisão tomada** pelo casal de evitar temporariamente ou por tempo indeterminado um novo nascimento. Ao mesmo tempo dá uma norma geral com respeito aos métodos anticonceptivos:

• **Método Ogino-Knaus:** procura determinar os períodos fecundos e infecundos a partir dos ciclos menstruais anteriores.

• **Método da temperatura** (1954): parte da observação de que a temperatura basal da mulher sofre mudanças na fase ovulatória. Ela se mantém baixa durante a menstruação até que venha a ovulação. Na ovulação ocorrerá uma elevação rápida ou gradual e retornará novamente a nível baixo por ocasião da próxima menstruação.

• **Método Billings** demonstrou a correlação existente entre uma secreção no cérvix (muco cervical) e a ovulação, estando presente também uma leve baixa de temperatura nesta fase. Por meio desse método natural, a mulher pode descobrir o seu ciclo menstrual, portanto localiza o período fértil e o período infecundo. Não tem importância se o ciclo é irregular, pois o método fundamenta-se em sensações de secura, umidade e lubrificação vaginal.

• **Métodos artificiais**: coito interrompido, camisinha, diafragma, cremes ou espermicidas, ducha vaginal, DIU, pílulas anticoncepcionais, agentes luteolíticos (medicação para restabelecer ou fazer vir a menstruação), vasectomia, laqueadura ou ligação das trompas.

• O **aborto** provocado significa a morte e expulsão do nascituro sem condição nenhuma de defesa. É um corte na vida de alguém indefeso.

A Igreja, ao defender a moral conjugal na sua integridade, sabe que está contribuindo para a realização de uma civilização verdadeiramente humana. Ela deseja que o homem assuma sua própria responsabilidade e a dignidade dos cônjuges. Mostrando-se mãe e amiga sincera, ela quer ajudar a todos a participar como filhos na vida do Deus vivo (Paulo VI).

ASPECTOS COMPORTAMENTAIS

Vários tipos de comportamento passam a ser significativos dentro do lar, enriquecido com os filhos, e merecem atenção dos pais:

• A **doação**. A gratuidade da mãe e do pai em servir aos filhos deve manifestar, sem falsidade, o quanto e o como os quer sempre bem. Esta doação generosa, transmitida principalmente na fidelidade de servir, marcará seus filhos para sempre e jamais será esquecida.

• A **convivência** entre irmãos é uma riqueza que nem sempre todos os lares conseguem atingir. É preciso buscá-la; é importante saber cultivar os filhos na estima e no respeito mútuo. Tal convivência dependerá, e muito, do ambiente predominante e de espaços que encontram dentro do lar. Como ter um ambiente saudável se os pais não são os primeiros amigos dos filhos?

• As **indagações**, dúvidas ou perguntas, até mesmo indiscretas, são plenamente normais. Com a mesma normalidade, elas merecem respostas calmas e exatas para os anseios e interrogações da criança e do jovem. A falsidade ou evasivas mentirosas e camufladas serão um dia descobertas, minando a credibilidade dos pais. Lembre-se de que as respostas podem ser explícitas — tácitas — ou comportamentais.

- **Adoções** de filhos é um aspecto delicado e o casal sempre deverá refletir juntos sobre o assunto; dialogar com clareza sobre a oportunidade e a conveniência; sobre o que significará aquela adoção; sobre os cuidados a se tomar e como agir corretamente na adoção.

- A **educação e formação** dos filhos, no decorrer dos anos, passa por evoluções, e bem diferentes entre si. Aprendendo a função do "sim" e do "não" em sua vida, a criança passará por várias fases em seu processo de desenvolvimento. Nem sempre é fácil acompanhá-los nesse processo, por exemplo, na puberdade ou juventude, diante do uso da autoridade e do respeito à liberdade. O que nunca deve acontecer é o total descompromisso do pai ou da mãe no processo de educação e formação de seus filhos.

Esta **presença amiga** e construtiva dos pais é significativa para eles, principalmente nos momentos de vivência religiosa, nos estudos, nas tarefas ou nos trabalhos que eles deverão realizar. O sentido religioso a se dar na vida, o cultivo da fé, o despertar da responsabilidade, o uso correto do tempo, o espírito de iniciativa e o amor ao trabalho são realidades que não descem do céu, de repente. Enquanto J. J. Rousseau diz que "o esquecimento da religião conduz ao esquecimento dos deveres do homem", o Talmude babilônico afirma que "não ensinar o filho a trabalhar é como ensinar-lhe a roubar".

Por fim, a **formação do senso crítico** tão importante na adoção da hierarquia de valores e contravalores. O mundo moderno, com suas constantes ofertas e solicitações, é um desafio ao homem para que não se torne vítima de uma propaganda fácil. Como mostrar ao jovem que certas coisas têm o recheio doce, mas o gosto amargo?

Caminhando ao lado deles, não basta proibir ou apenas criticar. Antes de tudo o diálogo, cercado pela verdadeira amizade, poderá levar o jovem a uma reflexão mais profunda e gerar nele convicções. É imprescindível, nos tempos de hoje, a formação do senso crítico das pessoas, principalmente diante dos meios de comunicação. É preciso um filtro criterioso que faça o discernimento e o julgamento do que se vê e se ouve.

RESPONSÁVEIS E SANTOS?

Ao mesmo tempo que ensina a lei divina e anuncia a salvação, a Igreja abre os caminhos da ajuda de Deus para o casal se tornar capaz de corresponder à sua missão específica, no amor e na verdadeira liberdade.

Sim, responsáveis e santos, à medida que corajosamente se esforçam por viver com sabedoria, justiça e piedade.

Espiritualidade do casal: A vocação cristã do casal começou no batismo que receberam e tornou-se específica no sacramento do matrimônio. O amor mútuo que os une e a cooperação com Deus conferem-lhes a missão de tornar visível o amor do próprio Deus criador. Por isso o casal deve procurar crescer sempre mais na espiritualidade do lar.

No **amor recíproco** (ler 1Cor 13,1-13) realizado e constituído de pequenas e grandes coisas, nos momentos mais diversos do dia a dia.

Na **oração**: Santo Afonso de Ligório diz que da oração depende todo o nosso bem e sem oração não existe comunicação com Deus, para se manter na vida cristã. O Papa João Paulo II completa dizendo: "Para viver esse poema de amor e de unidade, tendes necessidade absoluta de orar". Sempre faz bem, na família, perguntar: quanto rezamos? Onde rezamos? Como vai a oração individual, a oração do casal, a oração da família nas refeições e em outras circunstâncias? Quais as devoções que sua família pratica e que vocês gostariam de conservar?

O espírito de aliança: deixar que Deus entre em nossa vida e dela se sirva torna-se o centro inspirador de tudo. A família encontra, na Eucaristia, sua plenitude de comunhão e participação; no sacramento da reconciliação ou confissão ela tem a grande prova de que Deus ainda não se cansou dos homens. Continua sempre de braços abertos para receber o filho que volta arrependido. Sempre há oportunidade para recomeçar tudo com ele.

Caminhar sozinho não é fácil nem conveniente. Por isso é bom que todo casal, logo de início, dedique-se na participação da sua **Comunidade Paroquial**. Lá os esposos encontrarão meios e espaços para crescer na fé e aprofundar-se no mistério do matrimônio cristão. Assim, serão ajudados a ser felizes, aprendendo a cultivar o amor, a entrar em diálogo, a trocar delicadezas e atenções, a centrar no lar todos os interesses da vida.

ASPECTOS RELIGIOSOS

O Evangelho de João, capítulo 1, versículo 14, afirma que: "O Verbo de Deus se fez carne e habitou entre nós". Deus escolheu, através de Maria e José, uma família para Jesus. Nasceu, cresceu, viveu com eles.

Este mesmo Deus coloca nas mãos de um casal, através da paternidade e maternidade, os seus filhos, os quais ama tanto. Como realizar bem a missão que o Senhor lhes pede? Como a família deverá relacionar-se com Deus? Este é o aspecto religioso do lar, e muito importante para a realização da vocação e missão do casal.

Neste enfoque destacam-se:

O Batismo dos filhos que são colocados no mistério de Cristo (Rm 6,2-4) e no qual começam uma vida nova.

Esta união de vida, Jesus Cristo a comparou a uma árvore com seus galhos. Os ramos que não têm seiva secam. Esta união com Jesus Cristo traz para seus filhos a própria vida do Senhor Jesus. Você gostaria que seus filhos fossem como galhos secos, sem a vida de Deus? Então leiam e meditem, com calma, Jo 15,1-6.

O exemplo cristão dos pais: Nada mais contagioso do que o exemplo. Não existe meio mais certo e eficaz para exercer influência direta sobre o próximo do que o bom exemplo, a força e o prestígio de uma personalidade modelar (B. Häring). Os filhos aprendem com os olhos, sentem com o coração o Evangelho vivo na maneira de ser dos pais cristãos. Vivenciando com eles a Fé, nada escapa de suas observações e intuições: a missa, o modo de rezar, os pais que vão até a Comunhão ou até o Confessionário, o jeito de ser com as pessoas, o perdão, a justiça... O exemplo fala e permanece porque ele é como árvore que dá bons frutos.

O ambiente da família é formado por aquela roda de convivência, conjuntos de pessoas e coisas, num relacionamento frequente. Como são importantes os pais, os padrinhos e a comunidade no cultivo da fé e aceitação de Jesus Cristo e seu programa de vida! Se o ambiente, a terra, não é úmida e boa, como crescer? Já viu uma semente crescer na terra seca? Sua família terá de ser terra boa para seus filhos, num clima de amor a Deus, respeito mútuo, bondade e acolhimento, participação da Igreja, dando testemunho concreto de uma vida harmoniosa. Os filhos sempre se lembram do ambiente cristão no tempo de Natal e Páscoa, o dia do batizado da irmã mais nova e da Primeira Comunhão.

A própria **religiosidade dos filhos** terá seus primeiros passos e experiências apoiadas nas mãos dos pais. Em geral, é dos lábios da mãe que a criança aprende a rezar e fazer o sinal da cruz. O respeito e incentivo a esse processo religioso não podem faltar, principalmente com a presença e participação naquilo que, para eles, é tão importante. A Primeira Eucaristia, o Crisma, os filhos sentindo os pais de joelhos, com eles, diante do altar são testemunhos e marcas que ficam.

CONCLUSÃO

João Paulo II oferece-nos a conclusão para estas considerações: a família é imagem de Deus, que "no mais íntimo do seu mistério não é solidão, mas sim uma família". "A família é uma aliança de pessoas em que a lei conjugal é o amor feito de comunhão e participação, jamais de domínio. Tomando consciência de sua realidade e atuando sobre ela, como Deus a vê e governa, a família cristã busca maior fidelidade ao Senhor, procurando não adorar ídolos, e sim ao Deus vivo do amor" (Puebla n. 582).

Perguntas para o grupo:

Como você imagina uma família ideal?
Você pode dizer que é o maior e o melhor amigo um do outro e que serão igualmente amigos para os filhos? Por quê?
Como poderá ser realizada a dependência recíproca do casal e a ajuda mútua?

Nota: *Indicamos o livro* "Coragem de viver o amor", *de Georgette Blaquière, Editora Santuário. A autora faz uma série de reflexões sobre a família num conteúdo religioso muito sadio.*

ÍNDICE

APRESENTAÇÃO 5
ORIENTAÇÕES GERAIS..6
1 - O SACRAMENTO DO MATRIMÔNIO 15
   Por que casar? 17
   A Igreja e a Família..19
   O casamento ou matrimônio cristão 20
   Uma família cristã..22
   Conclusão..23
2 - HARMONIA CONJUGAL:
   "EU E TU" NO CASAMENTO 25
   Interferências e rejeições..27
   Relacionamento com famílias..28
   Relacionamento sexual 30
   A separação..30
   O significado unitivo e procriador.....................................31
   "Eu e tu" na vida conjugal 33
3 - O DIÁLOGO ENTRE O CASAL:
   A IMPORTÂNCI DA COMUNICAÇÃO 37
   O diálogo e suas variações...39
   No diálogo se aprende..41
   O perigo da rotina 44
   Aceitar o "poder mudar" 46
   Conclusão..47
4 - PATERNIDADE RESPONSÁVEL 49
   Aspectos da paternidade responsável.................................51
   Casamento e filhos...52
   Filhos: uma decisão..53
   Aspectos clínicos/médicos..53
   Aspectos comportamentais 55
   Responsáveis e santos?...57
   Aspectos religiosos 58
   Conclusão..60